# Dieser
# Wochenplaner gehört:

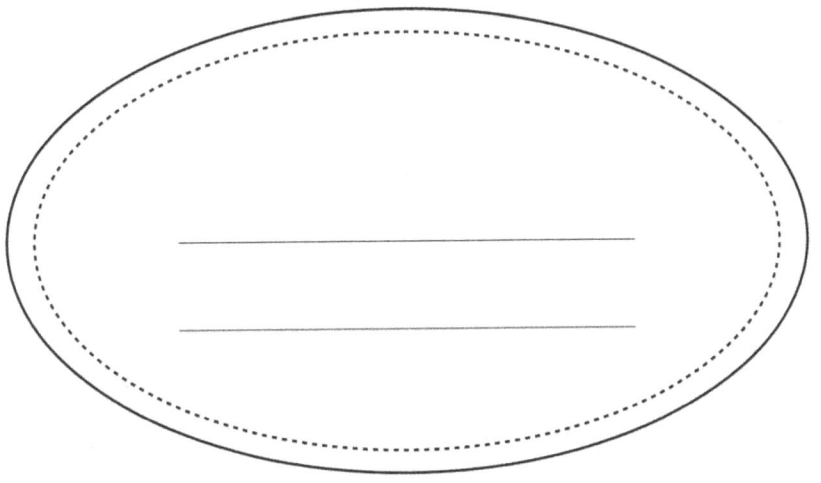

Woche vom _____ bis _____                    KW: _____

**Montag**

**Dienstag**

**Mittwoch**

**Donnerstag**

**Freitag**

**Samstag**

**Sonntag**

Woche vom _____ bis _____                    KW: ____

**Montag**

**Dienstag**

**Mittwoch**

**Donnerstag**

**Freitag**

**Samstag**

**Sonntag**

Woche vom _____ bis _____                    KW: _____

**Montag**

**Dienstag**

**Mittwoch**

**Donnerstag**

**Freitag**

**Samstag**

**Sonntag**

Woche vom _____ bis _____                          KW: _____

**Montag**

**Dienstag**

**Mittwoch**

**Donnerstag**

**Freitag**

**Samstag**

**Sonntag**

Woche vom _____ bis _____                    KW: _____

**Montag**

**Dienstag**

**Mittwoch**

**Donnerstag**

**Freitag**

**Samstag**

**Sonntag**

Woche vom _____ bis _____                    KW: _____

**Montag**

**Dienstag**

**Mittwoch**

**Donnerstag**

**Freitag**

**Samstag**

**Sonntag**

Woche vom _____ bis _____                    KW:____

**Montag**

**Dienstag**

**Mittwoch**

**Donnerstag**

**Freitag**

**Samstag**

**Sonntag**

Woche vom _____ bis _____                    KW: _____

**Montag**

**Dienstag**

**Mittwoch**

**Donnerstag**

**Freitag**

**Samstag**

**Sonntag**

Woche vom _____ bis _____                    KW: _____

**Montag**

**Dienstag**

**Mittwoch**

**Donnerstag**

**Freitag**

**Samstag**

**Sonntag**

Woche vom _____ bis _____                    KW: _____

**Montag**

**Dienstag**

**Mittwoch**

**Donnerstag**

**Freitag**

**Samstag**

**Sonntag**

Woche vom _____ bis _____                    KW: _____

**Montag**

**Dienstag**

**Mittwoch**

**Donnerstag**

**Freitag**

**Samstag**

**Sonntag**

Woche vom _____ bis _____                KW: _____

**Montag**

**Dienstag**

**Mittwoch**

**Donnerstag**

**Freitag**

**Samstag**

**Sonntag**

Woche vom _____ bis _____                    KW: _____

**Montag**
_____
_____
_____
_____

**Dienstag**
_____
_____
_____
_____

**Mittwoch**
_____
_____
_____
_____

**Donnerstag**
_____
_____
_____
_____

**Freitag**
_____
_____
_____
_____

**Samstag**
_____
_____
_____
_____

**Sonntag**
_____
_____
_____
_____

Woche vom _____ bis _____                    KW: _____

**Montag**

**Dienstag**

**Mittwoch**

**Donnerstag**

**Freitag**

**Samstag**

**Sonntag**

Woche vom _____ bis _____                    KW: _____

**Montag**

**Dienstag**

**Mittwoch**

**Donnerstag**

**Freitag**

**Samstag**

**Sonntag**

Woche vom _____ bis _____                    KW: ____

**Montag**

**Dienstag**

**Mittwoch**

**Donnerstag**

**Freitag**

**Samstag**

**Sonntag**

Woche vom _____ bis _____                          KW: _____

Montag

Dienstag

Mittwoch

Donnerstag

Freitag

Samstag

Sonntag

Woche vom _____ bis _____          KW: _____

**Montag**

**Dienstag**

**Mittwoch**

**Donnerstag**

**Freitag**

**Samstag**

**Sonntag**

Woche vom _____ bis _____                    KW: ____

**Montag**

**Dienstag**

**Mittwoch**

**Donnerstag**

**Freitag**

**Samstag**

**Sonntag**

Woche vom _____ bis _____          KW: _____

**Montag**

**Dienstag**

**Mittwoch**

**Donnerstag**

**Freitag**

**Samstag**

**Sonntag**

Woche vom _____ bis _____                    KW: _____

**Montag**

**Dienstag**

**Mittwoch**

**Donnerstag**

**Freitag**

**Samstag**

**Sonntag**

Woche vom _____ bis _____                    KW: _____

**Montag**

**Dienstag**

**Mittwoch**

**Donnerstag**

**Freitag**

**Samstag**

**Sonntag**

Woche vom _____ bis _____ KW: _____

**Montag**

**Dienstag**

**Mittwoch**

**Donnerstag**

**Freitag**

**Samstag**

**Sonntag**

Woche vom _____ bis _____                    KW: _____

**Montag**

**Dienstag**

**Mittwoch**

**Donnerstag**

**Freitag**

**Samstag**

**Sonntag**

Woche vom _____ bis _____          KW: _____

**Montag**

**Dienstag**

**Mittwoch**

**Donnerstag**

**Freitag**

**Samstag**

**Sonntag**

Woche vom _____ bis _____                          Kw: _____

**Montag**

**Dienstag**

**Mittwoch**

**Donnerstag**

**Freitag**

**Samstag**

**Sonntag**

Woche vom _____ bis _____                    KW: _____

**Montag**

**Dienstag**

**Mittwoch**

**Donnerstag**

**Freitag**

**Samstag**

**Sonntag**

Woche vom _____ bis _____                    KW: ___

**Montag**

**Dienstag**

**Mittwoch**

**Donnerstag**

**Freitag**

**Samstag**

**Sonntag**

Woche vom _____ bis _____                    KW: _____

**Montag**

**Dienstag**

**Mittwoch**

**Donnerstag**

**Freitag**

**Samstag**

**Sonntag**

Woche vom _____ bis _____                    KW: _____

**Montag**

**Dienstag**

**Mittwoch**

**Donnerstag**

**Freitag**

**Samstag**

**Sonntag**

Woche vom _____ bis _____          KW: _____

**Montag**

**Dienstag**

**Mittwoch**

**Donnerstag**

**Freitag**

**Samstag**

**Sonntag**

Woche vom _____ bis _____                    KW: _____

**Montag**

**Dienstag**

**Mittwoch**

**Donnerstag**

**Freitag**

**Samstag**

**Sonntag**

Woche vom _____ bis _____                    KW: _____

**Montag**
_____
_____
_____
_____

**Dienstag**
_____
_____
_____
_____

**Mittwoch**
_____
_____
_____
_____

**Donnerstag**
_____
_____
_____
_____

**Freitag**
_____
_____
_____
_____

**Samstag**
_____
_____
_____
_____

**Sonntag**
_____
_____
_____
_____

Woche vom _____ bis _____                                KW: _____

**Montag**

**Dienstag**

**Mittwoch**

**Donnerstag**

**Freitag**

**Samstag**

**Sonntag**

Woche vom _____ bis _____                    KW: _____

**Montag**
_____
_____
_____
_____

**Dienstag**
_____
_____
_____
_____

**Mittwoch**
_____
_____
_____
_____

**Donnerstag**
_____
_____
_____
_____

**Freitag**
_____
_____
_____
_____

**Samstag**
_____
_____
_____
_____

**Sonntag**
_____
_____
_____
_____

Woche vom _____ bis _____                KW: _____

**Montag**

**Dienstag**

**Mittwoch**

**Donnerstag**

**Freitag**

**Samstag**

**Sonntag**

Woche vom _____ bis _____                KW: _____

**Montag**

**Dienstag**

**Mittwoch**

**Donnerstag**

**Freitag**

**Samstag**

**Sonntag**

Woche vom _____ bis _____                    KW: _____

**Montag**
_____
_____
_____
_____

**Dienstag**
_____
_____
_____
_____

**Mittwoch**
_____
_____
_____
_____

**Donnerstag**
_____
_____
_____
_____

**Freitag**
_____
_____
_____
_____

**Samstag**
_____
_____
_____

**Sonntag**
_____
_____
_____
_____

Woche vom _____ bis _____                    KW: _____

**Montag**

**Dienstag**

**Mittwoch**

**Donnerstag**

**Freitag**

**Samstag**

**Sonntag**

Woche vom _____ bis _____                    KW: _____

**Montag**

**Dienstag**

**Mittwoch**

**Donnerstag**

**Freitag**

**Samstag**

**Sonntag**

Woche vom _____ bis _____                    KW: _____

**Montag**
_____
_____
_____
_____

**Dienstag**
_____
_____
_____
_____

**Mittwoch**
_____
_____
_____
_____

**Donnerstag**
_____
_____
_____
_____

**Freitag**
_____
_____
_____
_____

**Samstag**
_____
_____
_____
_____

**Sonntag**
_____
_____
_____
_____

Woche vom _____ bis _____                    KW: _____

**Montag**

**Dienstag**

**Mittwoch**

**Donnerstag**

**Freitag**

**Samstag**

**Sonntag**

Woche vom _____ bis _____                    KW: _____

**Montag**

**Dienstag**

**Mittwoch**

**Donnerstag**

**Freitag**

**Samstag**

**Sonntag**

Woche vom _____ bis _____                    KW: _____

**Montag**

**Dienstag**

**Mittwoch**

**Donnerstag**

**Freitag**

**Samstag**

**Sonntag**

Woche vom _____ bis _____          KW: _____

**Montag**

**Dienstag**

**Mittwoch**

**Donnerstag**

**Freitag**

**Samstag**

**Sonntag**

Woche vom _____ bis _____                    KW: _____

**Montag**

**Dienstag**

**Mittwoch**

**Donnerstag**

**Freitag**

**Samstag**

**Sonntag**

Woche vom _____ bis _____                    KW: _____

**Montag**

**Dienstag**

**Mittwoch**

**Donnerstag**

**Freitag**

**Samstag**

**Sonntag**

Woche vom _____ bis _____                    KW: _____

**Montag**

**Dienstag**

**Mittwoch**

**Donnerstag**

**Freitag**

**Samstag**

**Sonntag**

Woche vom _____ bis _____                    KW: _____

**Montag**

**Dienstag**

**Mittwoch**

**Donnerstag**

**Freitag**

**Samstag**

**Sonntag**

Woche vom _____ bis _____                    KW: ____

**Montag**

**Dienstag**

**Mittwoch**

**Donnerstag**

**Freitag**

**Samstag**

**Sonntag**

Woche vom _____ bis _____                    KW: _____

**Montag**

**Dienstag**

**Mittwoch**

**Donnerstag**

**Freitag**

**Samstag**

**Sonntag**

Woche vom _____ bis _____          KW: _____

**Montag**

**Dienstag**

**Mittwoch**

**Donnerstag**

**Freitag**

**Samstag**

**Sonntag**

Woche vom _____ bis _____          KW: _____

**Montag**

**Dienstag**

**Mittwoch**

**Donnerstag**

**Freitag**

**Samstag**

**Sonntag**

Kontakt: Alexander Franz / Rottendorfer Str. 57a/
97070 Würzburg
synovate@gmx.de
Coverfoto: pixabay.de
Covergestaltung: Alexander Franz

www.ingramcontent.com/pod-product-compliance
Lightning Source LLC
Chambersburg PA
CBHW072102280526
45788CB00006B/2372